Rene Schreiber

Chinesische Feste

Inhalt

Veröffentlicht über Kindle Direct Publishing

Vorwort

In der Volksrepublik China gibt es viele verschiedene traditionelle und moderne Feste. Ich habe mir erlaubt eine Auswahl zu treffen und möchte ihnen einige dieser Feste näherbringen.

Bei einigen gehe ich auf die ehemalige Tradition ein und bei manchen Festen gehe nur auf das heutige Geschehen ein.

Ich wünsche Ihnen viel Spaß beim Lesen.

Das Chinesische Neujahr

Das chinesische Neujahr oder auch Frühlingsfest (*chūnjié*) ist eines der wichtigsten traditionellen Ereignisse. Das Fest orientiert sich am Mondkalender und fällt immer auf einen Neumond. Im westlichen Sonnenkalender fällt das Fest immer auf einen anderen Tag. Dieser Tag kann zwischen 21. Jänner und 21. Februar liegen und findet meist am zweiten (sehr selten am dritten) Neumond nach der Wintersonnwende statt.

In diesem Jahr (2019) begann das Jahr des Erd-Schweins am 5. Februar und im nächsten Jahr 2020 fällt das Neue Jahr auf den

<u>Wo wird das Fest gefeiert</u>

Das Neujahrfest wird generell in Ostasien gefeiert. Im gesamten chinesischen Kulturkreis weltweit und in Korea, Okinawa, Vietnam und in der Mongolei. Seit 1873 wird in Japan das Fest nicht mehr gefeiert. Durch die Auslandschinesen wurde das Fest weltweit verbreitet und in allen fremden Ländern von den Auslandschinesen gefeiert. Das regionale Brauchtum kann je nach Region anders sein. In Tibet feiert man das Neujahrsfest erst einen Neumond später als im Rest der Volksrepublik China.

Das Fest ist ein Familienfest und somit machen sich Millionen Chinesen auf um nach Hause zu kommen. Daher sollte man rechtzeitig sich seine Flug-, Zug- oder Bustickets kaufen. In China brauchen Sie immer Ihren Reisepass bei Ausländern oder den Personalausweis bei Inländern.

Mythologie

Eine Legende erzählt, dass ein Monster, welches Menschen frisst, jedes Jahr aus den Bergen (bzw. aus dem Meer) kommt um seinen Hunger nach dessen Tiefschlaf zu stillen. Um sich vor dieser Bestie schützen zu können, machten die Menschen Lärmen, Feuer und kolorierten alles Rot oder Gold. Das Monster reagiere sensibel auf diese Dinge und dadurch würde das Ungetüm vertrieben.

Gemeint ist hier, dass die Menschen das alte vergangene Jahr verabschieden und das neue Jahr herein wünschen.

Eine weitere Legende vom Löwentanz oder auch Drachentanz nimmt Bezug auf den Kaiser Qianlong aus der Qing Dynastie.

In einer Nacht hatte dieser einen seltsamen Traum. Er träumte von einem sagenhaften Wesen, aus dessen Kopfmitte ein Horn ragte und das ihm gegenüberstand. Der Himmelsohn fühlte sich beängstigt, das Wesen sah ihn nur an und war mit einem Funkeln in den Augen wieder verschwunden. Der Kaiser ließ sofort am nächsten Morgen seine Gelehrten und Diener rufen und begann mit der Erforschung der Bedeutung des Traumes und des Wesens. Seine Dienerschaft kamen zum Ergebnis, dass es sich bei dem Wesen um einen Löwen handeln könnte und dass dieser dem Kaiser zu verstehen geben wollte, dass er dem Sohn des Himmels rangmäßig gleichrangig sei. Fortan nannte der Kaiser diesen Löwen *Ruishi*. Einige Zeit später schufen die Bewohner der Stadt Lingnan in der Provinz Guangdong einen neuen König der Tiere, den sie

Fushan Shi nannten. Um diesen Löwen nun mit Leben zu erfüllen, probierten verschiedene Kampfkunstvertreter mit verschiedenen Choreografien von Tanzschritten, um diese Aufgabe zu erfüllen. So entstand nach einiger Zeit eine eigenständige Form des Tanzes, die noch heute als „Löwentanz" bekannt ist.

Verlauf und Traditionen

Das chinesische Neujahrsfest wird mit drei gesetzlichen Feiertagen festgesetzt. Traditionell läuft das Fest fünfzehn Tag und die meisten Chinesen nehmen sich fünf bis acht Tage frei. Das Fest wird nach traditioneller Art meistens noch in den kleineren Städten und Dörfer gefeiert. In den meisten Städten wird das Fest nur innerhalb des Familienclans gefeiert und Feuerwerke sind in der Stadt gesetzlich verboten. Traditionell beginnt das Fest mit Feuerwerk, Drachen- und Löwentänzen. Mancherorts wird auch noch zusätzlich Mah-Jongg-Spiele gespielt. In der Stadt hängen die meisten Familien das selbst gebastelte Symbol für Glück auf die Eingangstür außen auf gehängt,

Am Zwanzigsten Tag des elften Monats steht die Reinigung des Hauses mit Bambuszweigen und dessen anschließend das Dekorieren an. Man färbt zahlreichen Lampen und Papierbänder rot. Diese werden mit schwarzer Tinte durch allerlei Neujahrssprüche beschriftet. Die Farbe Rot steht in China für Glück, Freude und Wohlstand. Wie schon erwähnt wurde die Bestie, der Jahresdämonen *nian*, der Legende nach an jedem Neujahrstag durch die Farbe Rot, Lampen und Lärm vertrieben worden sein. Auf den Türen oder Wänden bringt man zudem goldfarbene Glückszeichen an.

In manchen regionalen Ritualen wird süß-klebrigem Reis an den Küchengott Zao Jun geopfert und am Neujahrstag darf kein Brunnenwasser geschöpft werden um den Brunnengott Ruhe zu zugestehen. Der Küchengott soll durch das Opfer nur positive Nachricht an den Jadekaiser berichten können und wenn er zurückkommt wird er mit Früchten und Tee begrüßt.

Am Vorabend, also am Silvestertag kommt die ganze Familie zusammen. Die ganze Familie ist der gesamt Clan, entweder mütterlich oder väterlich. Es wird viel

Essen aufgetischt und alle versammeln sich am Tisch. Das Essen selbst steht in der Mitte und es wird fleißig geplaudert. Auf den Tischen landen Speisen wie Fisch (yú), da dieser gleich wie das Wort Überfluss bzw. Wohlstand (yú) klingt. Daneben finden sich diverse Gemüse, ein Ei-Gericht, Hühnerfleisch, Spareribs und vieles mehr. Es ist das größte Festmahl im Chinesischen Jahr.

Neben dem Essen werden an die Kinder innerhalb des Klans von einer Familie an die andere rote Umschläge mit Geld (*hóngbāo*) als Geschenk gegeben. Chinesen achten sehr genau auf die Höhe des geschenkten oder bekommen Geldbetrages. Meist gleicht er sich aus, ausgenommen eine Familie im Klan ist nicht so reich. In ländlichen Gebiet beginnt ab 23 Uhr das große Feuerwerk, welches bis zum nächsten Morgen andauert. In den Städten wird wegen Brandgefahr dieser Punkt ausgelassen.

Der erste Tag des neuen Jahres wird im Kreise der Familie nicht im Klan begangen. Man trifft sich am Morgen beim Frühstück, grüßt seine Eltern mit einem

Neujahressegen und einem Höflichkeit. Danach werden rote Umschläge an ledige Mitglieder der Familie, verteilt. Sehr wichtig sind auch das Gedenken und die Respekterweisung gegenüber den Ahnen. Auch chinesische Christen, wie meine Ehefrau, entrichten den Kotau gegenüber alten Ahnentafeln und opfern Räucherstäbchen, wenn Sie in der Heimat sind.

Nach der Ahnenverehrung wird der Tag zum Shoppen und zur Visite bei Freunden und Verwandten genutzt, denen ein gesegnetes Neujahr gewünscht wird. In den Städten wird Traditionell alles am Silvestertag oder am Neujahrstag gemacht. Eine Aufteilung auf 14 Tagen wird nicht durchgeführt, denn die meisten sind Erwerbstätig und können nicht mehr der Tradition folgen.

Das Laternen bzw. Bällchenfest

Das Laternen bzw. Bällchenfest (Yuánxiāojié) ist das Abschlussfest und findet am fünfzehnten Tag nach Neujahr statt. Es werden Bällchen gegessen, die sind aus Klebereismehl mit einer Füllung. In den Straßen hängen überall rote Laternen und die Menschen am Land gehen mit Laternen auf die Straße.

Es wird auch nur am Land Kerzen angezündet und vorm dem Haus platziert um den Geistern der Ahnen den Weg nach Hause zu zeigen.

Der 1. Mai

In der Volksrepublik China wird der Tag der Arbeit (chinesisch láo dòng jié) ebenfalls am 1. Mai gefeiert und ist ein gesetzlicher Feiertag. Sollte dieser Feiertag auf einen Samstag oder Sonntag fallen, wird am folgenden Montag den Beschäftigten ein arbeitsfreier Tag zugesprochen. Schüler erhalten regulär drei Tage Schulferien.

Mondfest

Das Mondfest oder Mittherbstfest (*chinesisch Zhōngqiūjié*) wird in China am fünfzehnten Tag des achten Monats im traditionellen chinesischen Mondkalender begangen. In der Antike opferten die Kaiser egal welcher Dynastie im Frühling der Sonne und im Herbst dem Mond. Später brachten auch die Adligen und Literaten Opfer dar und bewunderten im Herbst den hellen Vollmond. Ab der Tang-Dynastie (618–907), wurde es eines der wichtigsten Feste Chinas.

Traditionell werden Mondkuchen mit diversen Füllungen gegessen. Dieser Kuchen kann süß oder salzig schmecken, mit Fleisch gefüllt oder gar vegetarisch sein. Auch im europäischen Ausland essen Auslands-Chinesen Ihren Mondkuchen. Leider ist er hier in Österreich nicht billig. Da es eine Importware ist.

In der chinesischen Tradition wird entweder von der Familie ein Ausflug gemacht oder gegrillt. Es werden Mondkuchen und Pomelo-Früchte gegessen. Pomelos sind auch schön rund und erinnern an den Vollmond. Am Abend sehen sich alle den Vollmond an. In der Stadt ist diese Tradition verkümmert zum gemeinsamen Essen und Mondkuchen verschenken.

Mythologischer Hintergrund

Die Legende von Chang'e's Aufsteigen zum Mond besagt   folgendes:
In grauer Vorzeit soll es zehn Sonnen gegeben haben. Der von der Sonnengöttin Xīhé geborene dreifüßige

Vögel namens Yángwū die sich eines Tages versammelten und die Erde vertrocknen und die Ernte verdorren ließen. Hou Yi bestieg den Gipfel des Kunlun-Berges, schoss daraufhin neun Sonnen herunter und befahl der letzten Sonne, jeden Tag pünktlich auf- und unterzugehen.

Von einer Göttin hatte Hou Yi eine Pille der Unsterblichkeit bekommen. Seine Frau Chang'e schluckte diese Medizin und schwebte daraufhin zum Mond empor. Dort baute sie sich einen Palast, in dem sie seitdem lebt.

Single Day

Dieses Fest bzw. der Tag ist neueren Datums und von der Wirtschaft eingeführt worden. Der Single's Day ist ein Tag für Alleinstehende, der am 11. November gefeiert wird. Das Datum (11.11.) wurde gewählt, weil die Zahl 1 im der chinesischen Kultur einen Single symbolisieren soll. Dieser Tag bei jungen Chinesen immer beliebter. Junge Singles organisieren Partys und Karaoke-Veranstaltungen, um neue Freundschaften zu schließen oder sich zu verlieben. Der Singles' Day ist auch der umsatzstärkste Online Shopping-Tag der Welt.

Der Singles' Day oder Junggesellen-Tag wurde ursprünglich an verschiedenen Universitäten in Nanjing während der 1990er-Jahre zelebriert. Die Tradition entstand an der Universität Nanjing im Jahr 1993. Die Studenten, die mittlerweile die Universität verlassen haben, führten die Tradition fort.

Der Event wurde durch das Internet immer populärer und ist bei modebewussten Jugendlichen beliebt.

Ursprünglich wurde der Tag nur von jungen Männern

gefeiert mittlerweile ist der Tag bei beiden Geschlechtern gleichermaßen beliebt.

Im Jahr 2011 war der ein besonderer Single Day, da es durch das Datum sechs Einser gab. Dieser Tag wurde noch stärker gefeiert als alle Single Days zuvor. In der ganzen Volksrepublik nutzten Geschäfte diesen Tag, um Anzeigen für ihre Produkte zu schalten. Obwohl an diesem Tag eigentlich das Single-Dasein gefeiert wird, wird doch von vielen Chinesen der Wunsch nach einem Partner geäußert. Auch werden viele Artikel rund um das Thema Liebe in den chinesischen Medien veröffentlicht.

Zum Frühstück gibt es Singles, die wegen des Datums vier Youtiao (frittierte Teigstäbchen), die die vier Einsen im Datum „11.11." symbolisieren und ein Baozi (gedämpfte, gefüllte Teigtasche), die den Punkt zwischen Tag und Monat im Datum darstellt, essen.

Da immer mehr Menschen weltweit den Tag feiern, steigt die Werbung durch die Unternehmen und nun ist bereits der Tag auch in der Alpenrepublik Österreich angekommen. Vereinzelt sieht man die Single Day Werbung. Übrigens auch WeChatPay wird in der Wiener City vermehrt akzeptiert. In den europäischen Ländern und in den USA fällt auf denselben Tag entweder Thanksgiving, Cyber Monday, Black Friday oder ein anderer besonderer Shopping Tag. Also weltweit gibt es am Single Day immer auch ein wirtschaftliches Pendant.

Geisterfest

Das Geisterfest (chinesisch Zhōngyuánjié) ist ein traditionelles Fest und fällt auf den fünfzehnten Tag des siebenten Monats nach dem chinesischen Mondkalender, also zumeist der Vollmondtag im August. Der siebente Monat ist auch im Volk als der Geistermonat bekannt.

Die Wurzel des Geisterfestes liegt in buddhistischen Ullambana und daoistischen Traditionen. Für Buddhisten ist es eines der wichtigsten Feste des Jahres. Es werden die Geister der Ahnen auf Erden mittels Essen begrüßt. Vor die Haustür stellt man es in der Stadt nicht mehr. In den Städten geht man zum Grab bzw. zur Ahnentafel des Toten und bringt Opfer in Form von Totengeld und auch gelbe Tüchern, die man verbrennt und auch Räucherstäbchen werden angezündet.

Das Lehrer-Fest (jiao shi jie)

Lehrer sind in der Volksrepublik Respektpersonen und auch für manche Mentoren. Meist muss der chinesische Lehrer in seiner Klasse fünfzig Kinder unterrichten. Wären hier die Kinder laut würden diese kein einziges Wort verstehen. Auch ist in China die Abschlussnote das A und O des Lebens. Denn diese Note entscheidet wie die berufliche und finanzielle Zukunft aussehen wird.

Einmal im Jahr werden die Lehrer von den Schüler gefeiert, Sie bringen Geschenke zu Dank mit. Der Tag wird immer am 10. September im ganzen Land begangen und stammt traditionell schon aus der Zeit der Han-Dynastie. Hier wurde der Lehrertag am Geburtstag von Konfuzius (Kǒng Zǐ) gefeiert.

Die Geschenke an den Lehrer sind meist selbstgemalte Bilder, Gewebtes, Gesticktes und Gekochtes, Blumen, Tassen oder Süßigkeiten. Es werden auch Luftballons mit guten Wünschen in die Luft entlassen.

Der Chinesische Nationalfeiertag

Am Nationalfeiertag zelebriert man die Gründung der Volksrepublik durch Mao Zedong. Ausgerufen hatte Mao den neuen Staat am 1. Oktober 1949 und somit wurde der 1. Oktober zum gesetzlichen Nationalfeiertag erklärt. In den meisten chinesischen Städten finden große Paraden mit Drachen, mysteriösen Geistern und ähnlichen statt. Am Abend kann man ein gigantisches Feuerwerk erleben.

Es ist ein Familientag wie der Neujahrstag. Viele Geschäfte schließen und damit die Menschen nach Hause fahren können um mit der Familie zu feiern. Die Festlichkeiten dauern die gesamte erste Oktoberwoche.

Chong Yang Jie Fest

Das Doppel-Neun-Fest (chinesisch: Chong Yang Jie) wird am neunten Tag im neunten Monat des Mondkalenders gefeiert. Das Fest fällt immer in den Herbst wenn die Chrysanthemen in der Volksrepublik blühen. Es ist ein besonderer glückverheißender Tag, denn der 9.9. klingt gleich wie das Wort „Ewigkeit".

Das Fest wird seit dem Altertum gefeiert und damals war es Brauch einen Berg oder ein Pagode zu besteige um in die Ferne blicken zu können. Es sollten mit dieser anstrengenden Wanderung Krankheiten vorgebeugt werden. Auch hier spielt die Klanggleichheit wieder eine Rolle. Kuchen und Höhe sind gleich lautend. Daher ist man an diesen Tag einen Kuchen, der neunstöckig, pagodenförmig ist und ein rotes Papierfähnchen hat.

An diesem Tag auch als Tag der Senioren genannt, wird meist von Organisationen eine Wanderung oder ein Ausflug arrangiert. Junge Familienmitglieder begleiten ältere Familienmitglieder und schenken diesen Respekt.

Chinesische Allerheiligen

Das Chinesische Allerheiligen, auch Totengedenkfest (chinesisch: Qingming) genannt wird im April gefeiert. Auf die Gräber der Toten bzw. Ahnen werden je nach Landesteil unterschiedliche Dinge dargebracht. Es können Nahrungsmittel, Blumen, Gegenstände oder ähnliches sein. In allen Landesteilen werden Weihrauchstäbchen angezündet, Totengeld und auch gelbe Papiertücher verbrannt.

Die verbrannten Gegenstände bzw. Geschenke sollen den Ahnen gütig stimmen bzw. ihm zur Verfügung stehen. Denn der Ahne lenkt nach altem Glauben die Geschicke seiner Nachkommen. Es werden an diesem Tag traditionell kalte Speisen gegessen. Mit Beginn des Festes steigen auch die Temperaturen und für die Bauern beginnt die Aussagt, da es nun häufiger regnet.

Seit 2008 ist das Qingming fest ein offizielles Fest der Volksrepublik. Zunehmend wird alte Tradition im kommunistischen China wieder in den Vordergrund geschoben.

Drachenbootfest

Das Drachenbootfest (chinesisch: Duan Wu Jie) ist neben dem chinesischen Neujahrsfest und dem Mondfest das dritte wichtige Fest in Südchina. Eigentlich ging das Fest nach der Legende nach auf die versuchte Rettung des Poeten Qu Yuan zurück. Der Dichter soll in der Zeit der Streitenden Reiche (475-221 v. Chr.) gelebt haben. Er soll sich nach einem erlittenen Unrecht im Fluss Miluo Jiang ertränkt haben.

Am Tag des Duan Wu Jie wird eine Drachenboot-Regatta veranstaltet. Diese Wettkämpfe haben in China eine lange Tradition. Am *Duan Wu Jie* werden auch zòngzǐ gegessen. Die Form von zòngzǐ ist im Norden anders als im Süden. Die südliche Variante ist meist eine eckige Tetraederform mit vier Ecken. Im Norden hingegen gibt es längliche zòngzǐ und weitere andere regionale Formen.

Traditionelle zòngzĭ werden mit Schilf- bzw. Bambusblätter umhüllt und meist mit Schnüren aus Pflanzenfasern festgebunden. Der Geschmack und die Blätter können regional verschieden sein. Grundsätzlich kann man zòngzĭ nach Inhalt zwischen vegetarisch und nicht vegetarisch oder nach Geschmack zwischen süß und unterscheiden. Ebenso variiert die Füllung von zòngzĭ in jeder Region. Am häufigsten wird Klebreis verwendet. Im Norden Chinas enthalten die Füllungen chinesische Datteln und Adzuki-Bohnen, die dem zòngzĭ den süßen Geschmack gibt. Im Süden fügt man meist gewürfeltes salziges Schweinefleisch oder Schweinebraten in kleinen Stücken sowie Hühnerfleisch und Pilze hinzu. Wenn alles fertig ist, müssen die zòngzĭ für ein paar Stunden dünsten, bis sie fertig zum Essen sind.

Nachwort

Ich möchte mich für die Hilfe an diesem Buch bei meiner Frau bedanken. Durch Sie durfte ich in die chinesische Kultur blicken und dies auch direkt vor Ort erleben. Ohne diese Möglichkeit hätte ich wahrscheinlich wenig Verständnis für die Gedankenwelt der chinesischen Kultur.

Auch hat mich dies ermuntert die Sprache Chinesisch zu lernen. Auch wenn ich in den Anfangsschuhen stecke ist es eine weitere tolle Erfahrung, die noch mehr Verständnis für diese Kultur bringt.

Ich hoffe in Zukunft weiter Bücher über die chinesische Kultur verfassen zu können und wir werden die österreichische als auch chinesische Kultur unseren Kindern weitergeben. Das Leben unter zwei Himmeln wird unseren Kindern leichter fallen als meiner Frau und mir.

Sie glauben nicht wie viele Situationen es gab wo wir uns missverstanden oder unsere eigene oder die andere Kultur nicht verstanden.

Daher hoffe ich, dass Ihnen dieses Buch gefallen hat. Weitere Werke zu China finden Sie auf der nächsten Seite:

Weitere Literatur zu China

Rene Schreiber, Das urbane China, ISBN 978-1799043928

Rene Schreiber, Ma'anshan. Die Stählerne Stadt, ISBN: 978-1-7987-0684-8

Rene Schreiber, Nanjing. Die südliche Kaiser-Hauptstadt, ISBN: 978-1798705094

Rene Schreiber, Beijing. Die nördliche Kaiser-Hauptstadt, ISBN: 978-1798707708

Rene Schreiber, Shanghai. Die Mega-City, ISBN: 978-1798704295

Oder Sie besuchen

Meine Homepage unter:

https://books-schreiber.webnode.at/

oder die Seite Chinesische Literatur in deutscher Sprache

https://chinesische-literatur.webnode.at/

www.ingramcontent.com/pod-product-compliance
Lightning Source LLC
Chambersburg PA
CBHW050800290526
45792CB00008B/2271